Dr E. JAPHET O ※

La Cure Thermale

a

Enghien

※ 1892 ※

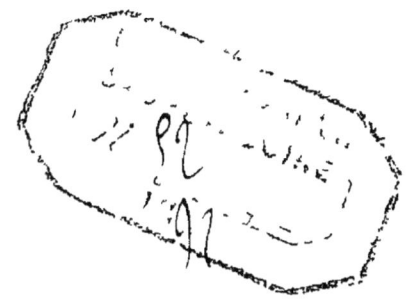

GUIDE MÉDICAL DU BAIGNEUR

PENDANT

LA CURE THERMALE

A ENGHIEN-LES-BAINS

Mâcon, Protat frères imprimeurs

GUIDE MÉDICAL

DU BAIGNEUR

PENDANT LA

CURE THERMALE

A

ENGHIEN-LES-BAINS

PAR

Le Docteur E. JAPHET

Ex-Médecin Inspecteur
Lauréat de l'Académie de médecine (médaille d'or)
Vice-Président de la Société d'hydrologie medicale de Paris
Ancien Médecin-principal de la marine
et Médecin sanitaire en Orient
Officier de la Légion d'honneur, etc

MACON
PROTAT FRÈRES, IMPRIMEURS
—
1892

AVANT-PROPOS

―――

Le titre de cette brochure en indique les tendances : elle n'a été conçue ni écrite dans un but scientifique, mais simplement d'utilité pratique : elle fait suite, du reste, à des publications antérieures[1] sur les eaux minérales d'Enghien, et comprend l'exposé de la meilleure méthode à suivre dans les divers modes d'administration de ces eaux minérales.

En la publiant, mon intention a été surtout de mettre en garde le malade contre les écarts ou l'insuffisance d'une médication inopportune ou mal dirigée, et

---

1. 1880. *Les eaux minérales d'Enghien.*
1881. *Propriétés et modes d'action des eaux minérales d'Enghien.*
1877-1888. *Rapports annuels au ministre du commerce.* Médaille d'argent.
1889. *Les eaux minérales d'Enghien, envisagées au point de vue des doctrines microbiennes et leurs divers modes d'emploi en thérapeutique.* Médaille d'or.

de lui fournir les indications les plus utiles pour mener à bien une cure thermale.

Cette cure comporte l'emploi de moyens variés, et je ferai remarquer que si, dans leur application, il est des formules générales, comme du reste dans toutes les branches de la thérapeutique, elles varient singulièrement selon l'âge, le sexe, l'individu, la nature ou la période de la maladie.

Ce sont là autant d'indications spéciales qui doivent être déterminées par le médecin, auquel il est sage et prudent de confier la direction et la surveillance du traitement.

A défaut d'autre mérite, cette brochure aura celui de résumer fidèlement une expérience de quinze années consécutives, pendant lesquelles il m'a été donné de recueillir un très grand nombre d'observations cliniques, se rattachant aux diverses affections qui relèvent de la médication thermale d'Enghien.

Pendant ces quinze années j'ai exercé les fonctions de médecin-inspecteur : le décret ministériel qui a prononcé la suppression de ces fonctions dans les stations thermales de France vient d'être récemment appliqué à celle d'Enghien-les-Bains.

Une cessation de fonction publique pouvant donner

lieu, au sujet de celui qui en était titulaire, à des interprétations mal fondées, je crois devoir reproduire ici la lettre ministérielle qui me l'a signifiée [1].

L'avenir dira si la suppression de l'inspectorat des

---

[1] *Monsieur Japhet, médecin-inspecteur des eaux minérales d'Enghien-les-Bains.*

Paris, 15 mars 1892.

Monsieur le Docteur,

J'ai décidé que le poste de médecin-inspecteur serait supprimé dans les stations thermales où le service des indigents se trouverait assuré en vertu d'engagement pris par les médecins traitants.

Tel est le cas de la station d'Enghien-les-Bains.

Au moment où cette décision de principes, prise en dehors de toute conssdération qui vous soit personnelle, va mettre fin aux fonctions de médecin-inspecteur, que vous avez toujours exercées avec un zèle et une intelligence auxquels je rends hommage, je tiens à vous remercier du concours dévoué que vous avez donné à mon administration.

« Je me plais à espérer que vous voudrez bien vous joindre aux autres médecins qui se sont engagés à donner les soins gratuits aux indigents, et que vous consentirez à assurer à cette catégorie de malades, si dignes d'intérêt, le bénéfice de votre expérience et de vos lumières.

Recevez, Monsieur le Docteur, l'assurance de ma considération la plus distinguée.

Le Président du Conseil, Ministre de l'intérieur,

Emile LOUBET.

eaux minérales est une mesure utile à l'intérêt général, et favorable à la prospérité et au développement de cette branche importante de la fortune publique : elle a été précédée de longs et trop passionnés débats pour ne pas en avoir subi l'influence.

Je ferai seulement remarquer que les soins gratuits à donner aux indigents, et qui sont le seul motif à l'appui de la décision ministérielle, l'ont toujours été par les médecins-inspecteurs.

L'art. 11 du décret du 28 janvier 1880, sur la législation des eaux minérales, en faisait une de leurs obligations, et ce même décret, tout en assurant le libre usage des eaux, et le libre exercice de la médecine, réglait les dispositions concernant la surveillance des sources et les conditions générales d'ordre, de salubrité, de protection dues indistinctement à tous les malades, dans l'intérieur des établissements.

20 mai 1892.

E. J.

GUIDE MÉDICAL DU BAIGNEUR

PENDANT

LA CURE THERMALE

A ENGHIEN-LES-BAINS

CHAPITRE Ier

LA CURE THERMALE EN GÉNÉRAL

Lorsqu'un malade vient demander à la médication thermale la guérison ou l'amélioration d'une maladie chronique, rebelle aux moyens déjà employés, ou souvent même une résistance à des prédispositions morbides plus ou moins menaçantes, sa première préoccupation est de savoir si la station thermale qui lui a été conseillée est la mieux appropriée à son cas particulier, et s'il peut en attendre un résultat favorable.

Le choix de cette station n'est pas toujours chose facile et usuelle pour le médecin qui n'a pas fait une étude spéciale de l'hydrologie médicale. Il comporte un ensemble de considérations, souvent difficiles à concilier, des indications multiples et changeantes, selon les découvertes qui se succèdent dans cette branche des connaissances médicales.

Le nombre et la variété des eaux minérales, exploitées aujourd'hui en France et à l'Etranger, ont, en effet, beaucoup augmenté, et les dénominations classiques, qui servaient de points de repère, sont devenues insuffisantes pour les caractériser. De plus, les progrès réalisés dans les divers modes de leurs applications ont apporté, pour une même eau minérale, de tels changements dans son action physiologique, que la diversité des affections auxquelles elle s'applique s'en est accrue, et, avec elle, une variété plus grande dans les effets thérapeutiques.

Enfin, si le traitement thermal a pour base l'usage, sous ses diverses formes, de l'eau minérale, il comporte également des conditions d'hygiène, de climat, d'altitude, de régime, de voyage, de résidence, d'exigences professionnelles, dont il faut tenir le plus grand compte, selon la nature, le degré d'évolution de la maladie, selon l'âge, le sexe, la constitution et aussi la condition sociale du malade.

Dans la plupart des cas, ce malade vient donc aux Eaux sur l'avis de son médecin habituel, qui connaît son tempérament, et qui, l'ayant traité à diverses reprises, a pensé que le moment était venu où la médication thermale lui convenait, soit pour le conduire à la guérison, soit pour le rendre dans l'avenir moins vulnérable, moins accessible à une rechute et aux complications qui pourraient en résulter.

Mais il arrive aussi, et nous l'avons vu souvent, que le malade, fatigué de médications dont il n'a pas obtenu d'effets durables, se rend dans une station thermale de sa propre initiative, soit qu'il ait ajouté foi aux annonces de la publicité, soit qu'il ait été encouragé par ceux de son entourage qui ont eu l'occasion d'y recourir avec succès.

Dans l'un et l'autre cas, il est dans l'intérêt du malade de ne pas s'aventurer sans direction dans les divers modes de la médication thermale ; et il est aussi du devoir du médecin qu'il consultera, de le renseigner scrupuleusement sur l'opportunité de cette médication, d'en prévoir les effets, et, s'il y a lieu, de l'en détourner ou de le diriger vers une autre station, mieux appropriée à son genre de maladie.

Il est, à ce sujet, un mode de diagnostic indispensable pour une catégorie de maladies, qui figurent en proportion considérable, dans le nombre de celles qui sont traitées à Enghien ; savoir les maladies du nez, de la gorge et du larynx, et désignées sous les noms de rhinites ou coryzas, pharyngites et laryngites, de diverse nature ou de diverse provenance. Nous voulons parler de la laryngoscopie : c'est en 1858 que le professeur Czermak, de Pesth, en Hongrie, inventa le laryngoscope et la laryngoscopie, l'instrument et la méthode. En France, l'un et l'autre mirent un certain temps à se vulgariser, et, dès les débuts, pour ne citer que les morts, les Drs Krishaber et Isambert furent les premiers à en instituer la pratique et les résultats.

Depuis lors, et suivant l'impulsion donnée à ce nouveau mode d'exploration, en Allemagne et en

Angleterre, les études laryngoscopiques se sont, en France, rapidement développées ; il existe à Paris, comme dans les autres Facultés, des cours libres, des cliniques particulières pour les maladies de la gorge, et l'enseignement officiel en a créé une des plus complètes à l'hôpital Lariboisière, où des centaines de malades sont admis chaque semaine. De nombreux et habiles médecins se sont formés à ces diverses sources, et, avec un succès souvent mérité, ont embrassé cette spécialité. Le laryngoscope est un instrument de diagnostic, composé d'un système d'éclairage et d'un miroir d'inspection, dont l'ensemble permet sur le vivant l'examen du larynx.

Nous l'employons chez tout malade qui se présente avec l'une des affections citées plus haut, dans le but de préciser la cause et la nature de cette affection, ou, le cas échéant, pour porter directement sur les parties malades les médicaments pouvant favoriser ou compléter la médication thermale.

Cet examen nous permettant de reconnaître les maladies qui nécessitent une thérapeutique spéciale et une intervention chirurgicale, nous pouvons ainsi épargner au malade, et le cas se présente assez souvent, l'inutilité d'un traitement thermal.

La nature de la maladie une fois bien déterminée, et il serait désirable que chaque malade pût apporter des renseignements fournis par son médecin habituel au point de vue des diathèses, des antécédents de famille, du début, de la marche de l'affection, une autre question s'impose, celle de reconnaître si le moment est opportun pour l'emploi du traitement thermal.

D'une manière générale ce moment devra toujours être le plus éloigné possible d'une crise aiguë, ou d'une rechute récente.

Cette règle est presque absolue, et le médecin, qui a l'expérience de ses eaux, peut seul en apprécier les exceptions, qui dépendent de la multiplicité des tempéraments, de la façon dont tel ou tel sujet réagit, et de la nature plus ou moins inflammatoire ou nerveuse des accidents qu'il éprouve.

Ces indications résolues, la cure thermale comporte deux ordres de moyens, les uns empruntés à l'hygiène, les autres à l'action médicatrice de l'eau minérale. Les premiers, qui doivent être considérés comme des adjuvants précieux, sont sensiblement les mêmes pour toutes les stations, savoir, le régime alimentaire, institué de façon à ne pas contrarier l'action de la médication, une grande régularité dans les habitudes, le repos de l'esprit et des sens, un exercice salutaire, des distractions modérées, et un soin tout particulier à se prémunir contre les variations atmosphériques.

Nous étudierons les seconds dans les prochains chapitres, en ce qui concerne spécialement les eaux d'Enghien.

Mais, dans un autre ordre d'idées, il nous paraît utile de répondre à deux espèces d'objections, nées dans l'esprit de beaucoup de malades, et facilement acceptées par les gens du monde, ou par des médecins, peu versés dans l'étude de l'hydrologie, et dont le scepticisme a fléchi du jour où ils ont pu, sur les lieux mêmes, se rendre compte de l'action intrinsèque des eaux minérales. La première est celle qui croit pouvoir rapporter au seul déplacement, au changement dans les habitudes, à des causes morales la majeure partie des bons effets produits : il suffit de suivre avec attention un malade, qui fait un traitement régulier et avec exactitude, pour se convaincre du contraire.

Et comment admettre, en effet, qu'une eau médicinale naturelle, de quelque nature qu'elle soit, et, pendant plusieurs semaines consécutives, introduite dans l'organisme, pour être portée au dehors par une des nombreuses voies d'élimination, n'aura pas une action modificatrice puissante, action dont parfois les effets se font sentir bien après son passage ? Comment expliquer, sans cette action intime qui imprime une nouvelle direction aux forces de la nutrition, les phénomènes que l'on observe sous la forme de fièvre thermale ou de poussée, et de réactions locales, dans lesquelles, et par suite d'une sorte de spécialisation et d'action élective, certains organes ressentent et expriment plus activement l'atteinte de l'eau minérale ?

Suivant les stations et le groupe des maladies qui y sont traitées sous l'influence de l'eau minérale prise en boisson, et administrée sous la forme de liquides ou de vapeurs, ne voit-on pas les bronches, les intestins, le foie, les voies urinaires, la peau elle-même, devenir le siège momentané de ce redoublement d'activité, allant souvent jusqu'à reproduire la maladie avec des nuances adoucies ou de véritables crises salutaires, et, alors, quelle part peut revenir à l'influence du changement de lieu, ou à la détente de causes morales?

La seconde objection, peut-être plus spécieuse, est celle tirée de la variété des maladies traitées dans une même station, et avec des moyens en apparence similaires.

Mais n'en est-il pas de même dans l'emploi des agents de la matière médicale, où les mêmes substances s'appliquent à des maladies différentes, et dont les effets varient selon le mode d'administration. Pour ne citer que des exemples bien connus, l'opium et ses dérivés, la quinine, le mercure, et bien d'autres, sont à chaque instant utilisés dans des cas absolument dissemblables ; et quant aux modes d'emploi, ne sait-on pas que les effets du calomel, par exemple, sont bien différents selon qu'il est employé à dose purgative, ou à doses fractionnées ; quant à l'opium et à la morphine et ses dérivés, quelle comparaison à établir entre les effets qu'ils produisent par la voie stomacale, ou par la méthode hypodermique, qui a ouvert à la thérapeutique des horizons nouveaux et imprévus ?

Dr JAPHET. — *La Cure thermale à Enghien.* 2

Dans chaque station, il est un groupe d'affections qui en relèvent plus particulièrement, et le véritable progrès en hydrologie consiste, pour chacune d'elles, à lui imprimer son cachet de *spécialisation* ; c'est déjà beaucoup qu'une eau minérale soit efficace dans les maladies de certains organes ou d'appareils d'organes, tels, par exemple, celles des voies respiratoires. Mais ce n'est pas tout, et l'expérience a prouvé que la médication thermale s'adresse surtout aux états diathésiques, c'est-à-dire à ce genre d'affections dans lesquelles l'organisme est impressionné par une cause générale. Les manifestations de ces diathèses sont multiples et variées : chez un arthritique, par exemple, il est fréquent d'observer tantôt des douleurs articulaires ou musculaires, tantôt des troubles nerveux ou une dyspepsie, une migraine, une pharyngite, une éruption cutanée, et de voir ces expressions de la diathèse se succéder ou se suppléer l'une à l'autre. Il en résulte que les dénominations de ces manifestations expliquent la variété des maladies qui figurent dans le cadre nosologique d'une station thermale, alors que la médication convient et s'adresse seulement à la cause qui les engendre et les entretient.

Bien différente des médicaments de la thérapeutique ordinaire, cette médication thermale, et quel que soit le principe minéralisateur qui détermine ses propriétés spéciales, est, avant tout, un traitement d'activité et d'entraînement des diverses fonctions de l'économie : elle agit en mettant en branle les combustions, les échanges intraorganiques, en activant les émonctoires et imprimant à la nutrition une modification générale et salutaire.

Envisagée d'une manière générale, la cure thermale comporterait d'autres développements, mais qui dépasseraient le but d'utilité pratique que nous avons en vue, et nous allons examiner la cure thermale spéciale aux eaux d'Enghien.

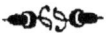

CHAPITRE II

LA CURE THERMALE A ENGHIEN

Les eaux minérales d'Enghien, envisagées seulement au point de vue de la cure thermale, sont des eaux sulfurées calciques ou sulfhydriquées; dans leur composition chimique, c'est le principe sulfureux qui domine, et la spécialisation de leur action thérapeutique est celle de la médication sulfureuse. Comme toutes les eaux sulfureuses, elles sont peu stables et facilement décomposables au contact de l'air; elles subissent dans ce cas le phénomène du blanchiment, ainsi que cela s'observe dans certaines sources de Luchon, et ce phénomène du blanchiment leur donne, dans les applications externes, des propriétés particulières; dans cet état, elles sont moins excitantes, hyposthénisantes dans beaucoup de cas, et utilisables dans les formes de maladies où l'éréthisme domine :

de plus, le dégagement très abondant d'hydrogène sulfuré les fait servir à des applications spéciales et dont nous parlerons plus loin.

Les sources d'eau minérale d'Enghien sont nombreuses, abondantes, et, sous le rapport de la constitution chimique, diffèrent peu les unes des autres. On y retrouve les mêmes corps constituants, mais en proportions variables selon chacune d'elles.

Toutes ces sources sont réunies ou groupées autour de l'établissement thermal, et l'on en compte actuellement sept distinctes, savoir :

Les *Sources du Roi* ou *Cotte*, la *Source Deyeux*, la *Source de Puisaye* ou *des Roses*.

Ces trois sources sont surtout employées en boissons : les deux premières émergent dans l'enceinte même réservée aux buvettes ; la troisième est captée dans le jardin des Roses, et est conduite dans un enclos voisin des buvettes où elle est, en plus, utilisée pour l'embouteillage.

Les Sources *Nouvelle, du Nord, du Petit Etablissement* et *du Lac*.

Ce groupe est réservé aux usages balnéaires, et, dans ce but, l'eau minérale est conduite de son bassin d'émergence dans un réservoir situé dans le sous-sol d'une tour à cinq étages : à chacun de ces étages se trouvent de vastes cuves où l'eau minérale est montée à l'aide de pompes puissantes et se répand de là dans les diverses parties de l'établissement.

La dénomination de *Source du Lac* a pu faire croire que l'eau qui en provenait était ni plus ni moins que celle du lac, et c'est une erreur qu'il est bon de détruire.

Dans le cours de l'hiver 1861-1862, la mise à sec du lac fit découvrir des griffons d'eau sulfureuse très abondants, qui jaillissaient au fond de la cuvette du lac et le long de la berge occidentale : les plus importants furent captés, sur les indications de M. François, ingénieur en chef des mines, par M. Dru, au moyen d'une cuve en bois, enfoncée dans la vase, entourée d'un lit d'argile et de fascines, et portant un tube vertical en fer, qui dépasse le niveau de l'eau du lac. De là, cette eau minérale est conduite jusqu'au réservoir commun : elle est la plus richement sulfurée, et est spécialement employée pour l'inhalation.

Les eaux minérales provenant de ces sources

sont employées de deux façons, à l'intérieur et à l'extérieur. L'usage interne comprend la boisson, l'inhalation et la pulvérisation, les douches locales et les injections rectales ou lavements gazeux.

L'usage externe comporte les lotions, les bains et les douches.

Chacun de ces modes d'emploi peut, selon les cas, être appliqué isolément, ce qui est rare, ou combiné l'un avec l'autre de façon à réaliser les effets complets de la cure thermale.

C'est dans l'intérieur de l'établissement ou dans ses annexes que s'accomplissent les diverses phases du traitement, et il est nécessaire, pour l'édification du malade, d'entrer à ce sujet dans quelques explications.

Il y a quelques années, il existait encore à Enghien deux établissements thermaux, le Petit et le Grand; le premier a été fermé et c'est une mesure regrettable : construit sur l'emplacement même où émergent deux sources très abondantes et richement minéralisées, il était bien aménagé, et la balnéation y était faite dans d'excellentes conditions; les prix étaient moins élevés qu'au grand, et il offrait, à toute heure, des ressources précieuses pour un bon nombre de baigneurs.

Du reste, l'exploitation des eaux minérales sulfureuses froides est difficile et coûteuse ; difficile parce qu'il faut des installations particulières, eu égard à la facile altérabilité de l'eau minérale et à son action destructive, par son contact ou ses émanations sulfurées, sur les appareils ou les objets environnants, et coûteuse parce que la caléfaction ne peut se faire que par un outillage compliqué et une consommation très notable de combustible.

Cette question de température appropriée aux usages balnéaires est une des plus scabreuses pour toutes les stations thermales, sauf celles, fort rares, où la thermalité naturelle oscille entre 30° et 40°. On a vu des stations, comme Aix, par exemple, où la température de l'eau varie entre 45° et 50° en temps ordinaire, s'abaisser subitement à l'époque des grandes pluies d'un nombre de degrés tels que le service a été compromis, faute de moyens de caléfaction dont on était loin de prévoir la nécessité.

Par contre, dans les stations où la température de l'eau minérale a besoin d'être élevée par un mélange d'eau chaude naturelle, il n'est possible qu'autant qu'elle est assez richement minéralisée pour conserver son action thérapeutique. A Enghien, ce mélange se fait avec de l'eau ordinaire à la température de 80 degrés centigrades, et il faut environ un tiers d'eau à cette température pour amener le bain à 34°, température moyenne : il en résulte que plus la température du bain est inférieure à 34°, plus la sulfuration en est grande : avec le mélange d'un tiers d'eau naturelle à 80°, le bain ainsi préparé marque encore 9 divisions au sulfhydromètre, sulfuration très suffisante.

Il est un autre mode de caléfaction, également mis en usage à Enghien dans quelques baignoires, qui serait sans contredit le meilleur, mais aussi le plus coûteux, s'il pouvait être généralisé dans tous les services de l'établissement ; il consiste à porter la température de l'eau minérale pure à la température de 34 degrés, au moyen d'un double fonds placé dans la baignoire et renfermant un serpentin dans lequel circule de la vapeur en pression. Dans ces cas, le sulfhydromètre indique de 18 à 20 divisions, sulfuration considérable et qui ne pourrait être d'un usage journalier pour la plupart de nos malades.

Le grand établissement, dans lequel le malade devra passer chaque jour un certain temps, a été construit en 1863, et, sans en faire ici une description inutile pour le baigneur appelé à le fréquenter, on peut, eu égard à ses ressources, le considérer comme un modèle du genre : il offre cet avantage très grand, que le malade peut, sans en sortir, procéder successivement aux diverses étapes du traitement. De plus, les deux étages des cabinets de bains et de douches étant groupés autour d'un grand hall central et vitré, très confortablement aménagé, ce hall constitue une salle d'inhalation naturelle où l'atmosphère sulfurée se renouvelle incessamment ; les baigneurs peuvent y passer une partie de la journée dans la belle saison, et y subir sans inconvénients une imprégnation sulfureuse qui fait partie de la cure thermale.

A l'époque de sa reconstruction, l'administration a jugé opportun de joindre à l'installation balnéaire sulfureuse des appareils spéciaux pour bains de vapeur, bains russes, et un service complet d'hydrothérapie à l'eau sulfureuse ou naturelle. L'administration actuelle a pensé qu'il y avait encore lieu de développer les ressources de l'établissement; elle a complété l'installation sulfureuse en y ajoutant un cabinet spécialement aménagé pour le traitement par les lavements gazeux, et quatre cabinets de bains sulfureux électriques. Et comme adjuvants de la médication thermale sulfurée, elle a cru utile d'y adjoindre des appareils de pneumothérapie et d'oxythérapie ou d'inhalations médicamenteuses.

De tout cela, il résulte un ensemble des plus complets, et qui fait de l'établissement d'Enghien un type parfait et des mieux appropriés à la médication sulfureuse. Mais comme tout instrument délicat et compliqué, il comporte une quantité de détails, de manœuvres techniques, de soins de propreté et d'entretien, qui nécessitent, de la part des directeurs et du personnel, une surveillance permanente et une assiduité continue.

USAGES INTERNES

De l'eau d'Enghien en boisson.

Nous considérons l'usage interne en boisson de l'eau d'Enghien comme la condition première de son action curative : et cette règle supporte peu d'exceptions, celle, par exemple, d'un cas de lésion traumatique chez un sujet à constitution saine, ou bien d'une intolérance absolue de l'estomac et des voies digestives, ou bien encore d'une prédisposition congestive chez des sujets irritables et pléthoriques.

Bue à sa source, l'eau d'Enghien, et nous avons dit que l'on buvait particulièrement celle des sources Deyeux, du Roy ou de Puisaye, est parfaitement limpide, incolore, légèrement gazeuse, à odeur et à saveur fortement hépatique, avec un arrière-goût fade ou un peu alcalin.

Sa température est de 12° à 14°, et par conséquent fraîche, ce qui, avec les gaz qu'elle renferme, la fait généralement bien supporter. Il est cependant des personnes qui la tolèrent mieux, quand on élève cette température au bain-marie, ou en y ajoutant une petite quantité de lait très chaud ; d'autres préfèrent l'édulcorer avec un sirop aromatique.

On boit l'eau minérale à jeun ou dans la journée à distance convenable des repas : la dose varie selon l'âge, la constitution, la nature, et le degré de la maladie, depuis un quart de verre jusqu'à quatre verres par jour ; cette quantité doit être exactement mesurée, et il serait à désirer que l'administration tînt à la disposition du baigneur des verres gradués, divisés par des lignes transversales, en quatre parts, de 50 gr. à 60 gr. chaque, représentant par chaque verre la quantité de 200 à 250 grammes.

S'il est des malades qui la trouvent fraîche et agréable, il faut avouer que c'est le plus petit nombre, et qu'en général elle provoque plutôt de la répugnance jointe à la résignation. Mais il est rare que le malade n'arrive pas au bout de peu de temps à l'accoutumance et à la tolérance de doses progressives, nécessaires pour obtenir des effets durables.

Cette tolérance de l'eau minérale en boisson doit être de la part du médecin traitant l'objet de son attention, car il est des cas dans lesquels elle constitue tout le traitement, et il est généralement facile de l'obtenir, en variant les doses, les heures d'administration, en y ajoutant des préparations capables d'en modifier l'impression sans en changer la composition.

L'intégrité absolue de la composition naturelle de l'eau d'Enghien, au moment de son ingestion, est la condition première de sa tolérance : comme la plupart des eaux sulfureuses, au contact de l'air, elle se décompose assez rapidement, louchit et laisse déposer du soufre, des sulfates et des carbonates terreux ; sous cette dernière forme elle devient lourde, indigeste, et trouble les fonctions digestives.

Ceci conduit à parler des nouvelles installations des buvettes et de leur aménagement : les anciennes buvettes, comprenant seulement les sources du Roi et Deyeux, se trouvaient dans une grotte, recouverte d'un toit de chaume, mal abritée, et où les malades étaient exposés aux intempéries de l'air, particulièrement préjudiciables aux affections qui relèvent en grand nombre des eaux d'Engien, celles des voies respiratoires.

On y accédait par une vingtaine de marches, l'émergence des sources ayant lieu en contre-bas du sol, de plusieurs mètres.

Il y a quatre ans, cet emplacement a été déblayé, et au milieu d'un enclos orné de rocailles et d'arbustes, on a construit un kiosque spacieux, clos et vitré, où les malades peuvent séjourner, et comprenant une salle pour les boissons et deux autres plus petites pour les gargarismes. Deux escaliers y conduisent, l'un communiquant directement avec le palier de l'établissement, l'autre avec le parc.

Cette installation est très réussie, et très favorable à la bonne administration de l'eau en boisson et en gargarismes : les buveurs peuvent, si cela leur convient, boire l'eau aux sources mêmes, dont l'accès a été réservé, ou dans l'intérieur du kiosque, où les trois sources du Roi, Doyeux et de Puisaye, ont été amenées par un procédé très ingénieux.

Une trompe de Golaz, mise en action par de l'eau en pression, fait le vide dans un flacon mis en communication avec la source par une série de tubes en verre bien clos ; le vide suffisant une fois produit, l'eau arrive dans le flacon à l'abri du contact de l'air.

Cet appareil fonctionne avec régularité, à la condition que l'aspiration soit permanente et l'écoulement continu : mais il réclame de la part des femmes préposées aux buvettes une dextérité attentive, et de façon à ce que l'eau minérale ait toujours sa limpidité et sa transparence.

De l'eau d'Enghien en inhalations et pulvérisations.

Tandis que l'eau minérale d'Enghien est introduite dans l'économie par la voie stomacale, la méthode de l'inhalation a pour but de faire absorber, par respiration, les corps gazeux ou volatilisables qui y sont contenus. Dans ce but, on soumet le malade, pendant un temps déterminé, à l'action d'une atmosphère artificielle, sulfurée, et d'une température variable selon les indications.

L'établissement contient deux salles d'inhalation, construites sur le même modèle, l'une pour les hommes et l'autre pour les femmes.

L'une et l'autre sont pourvues d'un certain nombre d'appareils de pulvérisation ; l'eau minérale, traversant à plein canal un tube enveloppé d'un manchon dans lequel circule un courant de vapeur, est conduite à ces appareils, sous l'impulsion d'une force motrice considérable, à effet constant et continu.

La pulvérisation ainsi produite constitue le brouillard qu'inhale le malade, en même temps qu'il peut faire usage des appareils pulvérisateurs, selon les indications, et la nature de sa maladie.

Nous avons exposé dans un travail récent toutes les questions concernant le mécanisme, les effets physiologiques et l'action thérapeutique de cette méthode [1].

Selon notre programme, nous ne parlerons ici que de la conduite à tenir par le malade, qui fréquente les salles d'inhalation, et des règles à observer, d'autant plus utiles que les insuccès de cette méthode dépendent le plus souvent de la manière vicieuse ou banale dont on l'emploie.

---

1. *Les eaux minérales d'Enghien,* loc. cit., p. 40 et suiv.

Ces règles sont variables selon l'âge, la maladie, la susceptibilité individuelle, l'éréthisme général ou local : c'est au médecin d'en indiquer les plus importantes, d'en surveiller l'exécution : j'ai souvent vu des malades, ignorants des précautions les plus simples en apparence, éprouver un changement complet dans les effets de cette médication, dès qu'ils ont été mieux dirigés dans ses modes d'application.

D'une manière générale, la sensation éprouvée, quand on pénètre dans les salles pour la première fois, est celle d'une légère suffocation, occasionnée moins par l'odeur sulfurée que par la densité de l'air humide et tiède que l'on y respire. Souvent il détermine de la toux, et cela d'autant plus facilement que l'inhalation est de préférence employée dans les cas d'affections chroniques des voies respiratoires, laryngites, bronchites, asthme, etc., et ce n'est que peu à peu que l'on parvient à régulariser les mouvements respiratoires. En même temps le goût et l'odorat sont nettement impressionnés par la sensation du principe sulfuré. Sous l'influence de ce trouble respiratoire, la circulation est accélérée, en même temps que se produit un peu de céphalalgie frontale. Mais bientôt ces phénomènes disparaissent pour faire place à une véritable action sédative, qui peut même se prolonger dans la journée, et déterminer une tendance très marquée au sommeil, que les malades constatent généralement.

La durée du séjour dans les salles d'inhalation peut varier : elle est de 25 à 30 minutes dans les cas ordinaires, et il y aurait des inconvénients à la prolonger au delà de 3/4 d'heure. J'ai vu en pareil cas, et chez des malades atteints d'affections cardiaques, coïncidant avec des bronchites à forme congestive, des syncopes graves et menaçantes être la conséquence d'un séjour peu mesuré dans la salle d'inhalation.

Quant à la pulvérisation, elle doit être faite, selon les cas, avec les deux espèces d'appareils alternativement, ou avec une seule ; elle sera plus ou moins prolongée selon la nature de la maladie, et ne saurait être la même, par exemple, dans une affection cutanée du visage, une rhinite, une pharyngite ou une laryngite; l'attitude, la position du malade, sont également importantes : il en est qui ne pulvérisent que le dos de la langue, alors que la pulvérisation devrait s'adresser au pharynx, et à la partie supérieure du larynx, et chez lesquels l'emploi du speculum buccal devient indispensable.

Enfin il est des cas, comme dans la coqueluche chez les enfants, certaines dyspnées cardiaques, l'asthme humide et catarrhal où l'inhalation seule doit être mise en usage.

Il est facile de voir, par ces quelques exemples, que la méthode de l'inhalation et de la pulvérisation est plus complexe qu'elle ne le paraît au premier abord; mais, en échange, elle est d'une grande efficacité : telle qu'elle se pratique à Enghien, la clinique nous apprend qu'elle tient le premier rang dans le traitement des maladies des voies respiratoires, et qu'elle est, dans ce genre d'affections, un des facteurs les plus sûrs de la cure thermale.

Pour séjourner dans les salles d'inhalation, le malade est obligé de revêtir un costume particulier, composé d'un bonnet, de chaussons ou de bottes et d'un manteau en caoutchouc; les essais faits avec d'autres étoffes n'ont pas réussi : elle doit être surtout imperméable, et peu altérable par le principe sulfureux. Le brouillard médicamenteux de la salle étant très intense, et la pulvérisation qui s'échappe des appareils étant très forte, il peut arriver que le malade est mouillé et que ses propres vêtements sont atteints. Cet inconvénient, qui n'a, du reste, aucune influence sur le résultat de la médication, peut être évité par l'usage d'un peignoir protecteur en étoffe légère.

Pendant la durée d'une séance d'inhalation, un point des plus importants pour le malade est la température de la salle et de l'eau pulvérisée. Pendant longtemps, à Enghien, l'eau minérale arrivait aux appareils pulvérisateurs à sa température naturelle qui est de 13° à 14°, et par le fait de la pulvérisation, se mettait en équilibre avec celle de la salle, qui était elle-même, à peu de chose près, celle de l'air extérieur : en été, cette température variait de 16° à 18°, qu'elle ne dépassait que rarement pendant les jours les plus chauds, et elle était inférieure pendant le reste du temps : quant à la pulvérisation, elle était froide. Or, si cette atmosphère fraîche et humide était bien supportée par quelques malades, le plus souvent elle déterminait des céphalalgies, des névralgies, des poussées congestives, et elle ne convient qu'exceptionnellement à la nature des affections relevant de cette médication. Aujourd'hui l'élévation de la température de l'eau minérale, faite comme nous l'avons indiqué, permet de graduer celle de la salle, et il résulte de mes expériences et de mes observations cliniques, que le degré le plus favorable est de 22° à 25°, sans dépasser cette dernière limite : elle est, du reste, facile à constater sur un thermomètre placé dans la salle, et à obtenir, à la condition que le courant de vapeur qui circule dans le manchon recouvrant le tuyau d'eau minérale, aura une pression uniforme et constante.

Enfin nous signalerons comme une nécessité, que le malade qui sort de la salle d'inhalation, ait soin d'éviter toute cause de refroidissement : il peut alors faire un séjour dans la salle de respiration avant de prendre l'air extérieur, si le temps n'est pas beau. Mais il est surtout indiqué de recourir à ce moment à l'emploi des moyens externes, sous forme de bains ou de douches sulfureuses.

Douches locales internes.

Ce troisième mode d'emploi à l'intérieur de

l'eau d'Enghien comprend seulement la douche ascendante, et les douches nasales et pharyngiennes.

La douche ascendante ne saurait être employée d'une manière banale, et réclame la surveillance du médecin. Cette douche, selon les cas et les malades, est rectale ou vaginale, et elles sont administrées dans un cabinet aménagé à cet effet. Pour les premières, la force percutante est réglée à 3 mètres, et peut être facilement régularisée par le malade. La température doit être réglée et généralement comprise entre 28 et 33 degrés.

Quant aux douches vaginales, avec l'eau sulfureuse, elles constituent une médication active, dont il appartient au médecin de préciser les indications, et de leur approprier le degré de température, variable selon les cas. Cette douche peut déterminer des accidents, des réveils inflammatoires, et il vaut mieux s'en tenir aux irrigations et aux injections

Les douches nasales et pharyngiennes sont, au contraire, d'un usage fréquent, et, bien administrées, donnent de très bons résultats dans les pharyngites, et dans ces coryzas chroniques, si pénibles, et accompagnés si fréquemment de surdité, par suite de catarrhe, d'épaississement ou d'obturation de la muqueuse de la trompe d'Eustache. Elles sont le complément de l'inhalation et de la pulvérisation, dans certains cas ; dans d'autres elles sont employées seules, et elles sont généralement très efficaces. Mais la douche nasale comporte dans son mode d'application, des précautions, sous peine de provoquer de vives douleurs, d'être mal supportée et souvent refusée par le malade. Chez les enfants, chez même les grandes personnes, le médecin doit, au début, en expliquer, et, au besoin, en appliquer lui-même le mode d'emploi, l'instrument à utiliser, la direction à lui donner, la durée de la douche, la force de percussion et enfin la température.

Cette dernière doit être tiède : froide, elle va contre le but qu'on se propose, augmente le mal, et peut déterminer des accidents : chaude, elle détermine un état congestif et nuisible : sa température la plus favorable peut varier de 22° à 25°, mais surtout elle doit être constante.

A Enghien il y a deux salles où sont installées les douches nasales et pharyngiennes : l'eau minérale y est réchauffée par un serpentin dans lequel circule un jet de vapeur ; mais la pression variable de la vapeur peut facilement amener des écarts assez grands dans la température, et demande à être bien réglée et surveillée. Du reste, et d'une manière générale, l'accoutumance se fait vite, et l'on voit des malades, des enfants même, rebelles au début, en prolonger la durée sans inconvénients.

Usage de l'eau d'Enghien en injections rectales, gazeuses, ou méthode des lavements gazeux, du Dr Bergeon.

Nous dirons peu de chose de ce nouveau mode d'emploi des eaux minérales d'Enghien, non que nous ne lui accordions pas toute l'importance qu'il mérite, et qu'on ne lui a pas suffisamment reconnue, mais parce que ses indications et son usage devant être précisés et mis en œuvre exclusivement par le médecin, le malade, auquel cette médication convient, n'a qu'à se soumettre à son intervention.

Nous dirons cependant quel est le principe sur lequel repose cette récente application des principes sulfurés de l'eau d'Enghien. Les expériences de Claude Bernard avaient démontré que certains gaz, manifestement toxiques quand ils sont *inhalés*, ne causent aucun accident quand ils sont injectés dans le rectum et *exhalés* par le poumon : que, de plus, l'acide carbonique, en passant dans une solution médicamenteuse, se charge d'un principe actif, et peut, en s'éliminant par les alvéoles pulmonaires, y produire des modifications directes.

L'installation qui a été faite, à Enghien, de cette nouvelle méthode d'emploi de l'eau minérale, est de tous points excellente, et offre les avantages et les garanties désirables, autant par la sûreté de la préparation du gaz sulfo-carbonique, destiné à la ventilation pulmonaire, que par la précision du dosage avec laquelle il est administré.

En observant les précautions indiquées par l'expérience, cette introduction de gaz dans l'intestin est parfaitement tolérée, et son élimination par la voie pulmonaire se fait rapidement et sans accidents.

Il nous suffira, pour affirmer l'importance de cette médication, de dire qu'elle convient dans la phtisie pulmonaire, les inflammations chroniques des poumons, et la coqueluche, en tenant compte des contre-indications présentées par les formes diverses de ces affections.

USAGES EXTERNES

Cette seconde partie de l'emploi des eaux d'Enghien, dans la cure thermale, est moins variée, dans ses moyens, que la première, mais ne lui cède en rien en importance, et s'adresse à un plus grand nombre de maladies.

Elle comprend les *bains* et les *douches*.

Les Bains.

Tandis que les usages internes portent leur action plus spécialement sur les muqueuses, les bains et les douches développent leurs effets sur les systèmes cutané, musculaire et nerveux, retentissent sur l'appareil ganglionnaire, les tissus osseux et fibreux, et, consécutivement, sur les altérations du sang et des liquides de l'économie.

L'intallation balnéaire, à Enghien, comporte des

bains partiels de jambe ou de siège, des bains généraux sulfureux et des bains sulfureux électriques.

Les bains partiels n'offrent rien de particulier : ils sont à eau courante et d'un usage fréquent; ceux de jambe, donnés à une température élevée sont souvent indiqués, comme succédanés des autres modes de traitement.

Les bains généraux sont de deux sortes, selon, ainsi que nous l'avons exposé plus haut, que l'eau minérale est mélangée à un tiers d'eau ordinaire chauffée à 80°, ou qu'elle est pure, et chauffée par la vapeur d'un serpentin circulant au fond de la baignoire. Dans les cabinets de bains du rez-de-chaussée, il existe deux appareils de douches sulfureuses, l'un de grande douche et à forte pression, l'autre destiné aux douches locales, le malade étant plongé dans le bain.

Cette installation a le précieux avantage de lui permettre l'usage successif ou simultané de ces deux modes de balnéation, et de subir pendant leur durée, par la voie pulmonaire et par la voie cutanée, l'imprégnation sulfureuse.

L'usage des bains d'Enghien comporte, pour le

baigneur, deux points importants, savoir : la durée et la température, l'une et l'autre variables selon l'âge, la prédisposition et surtout la nature de la maladie.

Entre un bain mitigé, ou un bain d'eau minérale pure, d'une durée de 10 minutes, et celui d'une heure, qui est la limite extrême du bain d'Enghien, il y a place pour toutes les indications, et elles sont bien différentes selon qu'il s'agit d'une maladie de la peau, d'une affection rhumatismale, d'une anémie, d'une manifestation lymphatique et ganglionnaire, ou d'un catarrhe des voies respiratoires.

La température doit être uniforme et constante pendant la durée du bain; la perte de calorique, pendant le temps de la durée ordinaire du bain, étant peu notable, il importe qu'elle soit exactement conforme à la prescription du médecin dès le début et le moyen le plus sûr est l'emploi, que nous jugeons indispensable, du thermomètre.

Nous avons dit plus haut que les eaux sulfurées d'Enghien étaient des eaux blanchissantes, laiteuses, quand elles sont au contact de l'air : cette propriété est importante à conserver, pour deux raisons ; la première, c'est qu'en subissant cette transformation, l'eau sulfurée laisse dégager une certaine quantité du gaz, dont l'absorption se fait pendant la durée du bain, et la seconde est que l'état chimique et moléculaire des substances provenant de cet état nouveau de l'eau sulfurée a une action plus intime et plus efficace sur l'enveloppe cutanée.

Nous avons rencontré beaucoup de malades qui ont une répugnance marquée pour les bains, et sauf exception, il en est peu qui se décident à en prendre un chaque jour, pendant la durée du traitement thermal. Cette répugnance tient à des causes diverses, parmi lesquelles il faut ranger les vicissitudes atmosphériques, quand l'été est pluvieux, la crainte du bain, généralement admise dans les affections chroniques des organes respiratoires, et aussi l'appréhension du médecin habituel du malade, qui souvent lui conseille de s'en abstenir.

Mon expérience personnelle est en opposition avec cette façon d'envisager la balnéation sulfureuse. Sans parler des affections dans lesquelles le bain est le facteur principal du traitement, je considère l'action journalière de l'eau minérale, sur l'enveloppe cutanée, comme le complément nécessaire de l'action de l'eau en boisson ou en inhalations, dans les affectious des muqueuses. Pour faire une cure complète et efficace, et, par ce mot, nous n'entendons pas seulement les résultats favorables qui peuvent se produire immédiatement, mais aussi ceux à longue portée, que l'on éprouve plusieurs mois après, il est nécessaire que le malade absorbe, par toutes les voies possibles et sans interruption pendant le temps voulu, le principe sulfureux. Ce n'est pas le lieu d'examiner ici les théories émises pour expliquer son action intime sur les tissus organiques, ou ses transformations en présence des liquides de l'économie : ce que nous pouvons affirmer, c'est l'utilité incontestable des bains minéraux d'Enghien, et l'absence de danger qu'ils présentent, lorsque l'eau minérale est blanchissante, que la température prescrite est observée pendant toute la durée du bain, et que le malade évite, en en sortant, toute cause de refroidissement.

Bains sulfureux électriques.

En quête d'améliorations et désireuse de réaliser, dans l'établissement thermal, l'emploi des médications nouvelles, l'administration des eaux d'Enghien a récemment ajouté à ses ressources balnéaires celle des bains électriques. Les eaux sulfurées d'Enghien conviennent dans les affections rhumatismales, dans certaines paralysies, dans les formes neurasthéniques de quelques cachexies et aussi dans des troubles fonctionnels de la locomotion, liés à des lésions des centres nerveux. C'est dans ces diverses et nombreuses affections que l'électricité a, le moment venu, son opportunité d'action, et il était rationnel de combiner ses effets avec ceux de la médication externe sulfurée.

Les bains électriques ont été installés dans les galeries du second étage, et dans deux cabinets de bains de chaque côté. Ils ne peuvent être administrés que sous la surveillance et en présence du médecin, et nous nous contenterons d'en énoncer le principe : un courant est produit par une bobine Rumkorf, actionnée par une pile ou un accumulateur et pourvue d'un trembleur et d'un commutateur, pour changer à volonté la direction du courant. Ce courant est conduit dans une série d'électrodes en charbon, immergés dans l'eau du bain et espacés de façon à répondre aux différentes parties du corps. Leurs fils correspondent à deux cadrans dont une manette mobile indique les numéros, en rapport avec ceux des électrodes.

Dans ce système, le courant passe seulement dans le segment d'eau sulfurée de la baignoire, correspondant à la partie du corps qu'on veut électriser. C'est, en définitive, l'électricité localisée, le reste du corps étant plongé dans un bain sulfureux, dont on peut varier la température et la durée.

Douches.

A propos des usages internes de l'eau d'Enghien, nous avons déjà mentionné les douches ascendantes, les douches pharyngiennes, nasales, et autres douches locales ; il nous reste à parler des douches générales ou grandes douches. En plus de celles qui existent dans tous les cabinets de bains du rez-de-chaussée, il y a quatre autres salles, précédées d'un vestiaire, exclusivement réservées à l'usage des grandes douches, et dont deux pour les hommes et deux pour les dames.

A Enghien ces grandes douches ont une pression considérable et constante, que l'on peut modérer à volonté ; l'eau chaude, l'eau sulfureuse, provenant des sources à 12°, sont élevées à 25 mètres de hauteur au dessus du niveau des salles de douches, et, en tenant compte du diamètre des ajutages, une douche de la durée de 10 à 12 minutes consomme 500 litres environ. Elles constituent un puissant moyen, mais on comprend combien il est indispensable d'en modifier la durée et l'intensité selon les circonstances.

Quant à la température, elle est non moins importante : elle peut varier de 14°, qui est la plus basse qu'on puisse obtenir à Enghien, pendant la belle saison, jusqu'à 36° et 40°, et passant par les intermédiaires, selon les cas et les indications. Enfin les effets obtenus par la grande douche dépendent aussi de son mode d'administration, dans lequel on met en usage soit la douche en arrosoir, soit celle en pluie, soit celle cylindrique, ou douche au piston.

Le traitement peut comporter l'emploi des

douches seules, ou des douches combinées avec les bains : à moins d'indications particulières, il vaut mieux employer les douches dans la seconde moitié du traitement, mais dans les cas où l'emploi des bains et des douches doit être combiné, il est préférable de faire prendre le bain le matin, et le soir la douche, ou réciproquement.

Si, au contraire, l'emploi de ces deux moyens doit être simultané et successif, la question de prendre la douche avant ou après le bain doit être subordonnée aux températures relatives de l'une et de l'autre : pour que la réaction, qui est le but recherché dans l'action de la douche, se produise avec tous ses effets, si la température est inférieure à celle du bain, elle devra être donnée après lui. Ce sont, du reste, autant de nuances qu'il importe de connaître et de signaler au malade.

Nous attachons une très grande importance à l'usage des douches sulfureuses d'Enghien ; celles dites Ecossaises répondent à de nombreuses indications. Elles confinent à l'hydrothérapie et cette dernière méthode offrant des ressources utilisables dans certaines des affections traitées à Enghien, il a été installé dans l'établissement un service complet d'hydrothérapie, à l'eau sulfureuse froide, ou à l'eau naturelle, pourvu de tous les appareils en usage, et d'une piscine à eau froide.

CHAPITRE III

En commençant ce travail, nous avons pris le malade à son arrivée dans la station thermale, et, après lui avoir indiqué les conditions les plus utiles de la cure thermale en général, nous avons détaillé avec soin les ressources qu'offre, en particulier, l'eau minérale sulfureuse d'Enghien, et les diverses formes sous lesquelles elle est administrée dans l'établissement thermal.

Pour le compléter et remplir le but d'utilité pratique que nous nous sommes proposé, il nous paraît nécessaire, d'une part, d'examiner les conditions particulières dans lesquelles le malade se trouve à Enghien, et, de l'autre, d'indiquer succinctement les diverses maladies auxquelles conviennent ces eaux minérales.

A Enghien, comme du reste dans les stations thermales où les eaux ont des propriétés analogues, le malade doit considérer la durée de son traitement comme un temps d'épreuves. Cette durée est variable : bien que l'usage l'ait fixée à trois semaines, ce délai peut être raccourci ou augmenté selon les cas, et elle a pour limites raisonnables ou la fatigue et la saturation, ou l'intensité des phénomènes développés et la susceptibilité du malade. Il appartient au médecin de décider la conduite à suivre : il est quelquefois indiqué d'interrompre la cure, ou du moins de la modifier, et cela presque toujours chez les femmes, pendant l'époque menstruelle, d'espacer les bains ou les douches, de modifier la quantité ou les heures de la boisson, toutes choses qui ne peuvent être prévues à l'avance et qui varient ou s'imposent selon l'observation journalière, selon la tolérance ou les réactions de l'organisme.

D'une manière générale, l'action des eaux d'Enghien est tonique, reconstituante, et, à ce titre, elles produisent la stimulation et la suractivité des fonctions de l'organisme. Il est rare qu'elles produisent la fièvre et une poussée thermale comme d'autres eaux sulfureuses, mais le malade doit s'attendre à ressentir, soit après quelques jours, soit vers le milieu de la cure, de la fatigue, de la lassitude générale, une tendance marquée à la somnolence, s'il fait des inhalations, et des troubles variés dans les diverses fonctions. Tantôt ces troubles se manifestent sur la peau par des picotements, des démangeaisons, un érythème plus ou moins généralisé; tantôt sur les voies digestives, celles respiratoires et celles des voies génito-urinaires, ou sur le système nerveux par des symptômes particuliers et dont la localisation tend à ramener l'affection chronique à l'état subaigu, en même temps que, par leur ensemble, ils déterminent une crise, généralement passagère et favorable.

Ces incidents de la cure thermale que le médecin doit atténuer par des mesures appropriées, ou provoquer, si cela est indiqué, par une plus grande activité dans les moyens employés, ne doivent pas inquiéter le malade, car ils sont presque toujours de bon augure pour les résultats définitifs, immédiats ou éloignés, de la médication thermale.

Cette cure thermale est, du reste, faite d'une

façon bien souvent incomplète et insuffisante par une certaine catégorie de malades, véritables oiseaux de passage, qu'attire ou retient la grande ville, dont la proximité met la station d'Enghien dans des conditions particulières.

Enghien est situé à 14 kilomètres de Paris; les lignes des chemins de fer du Nord et de l'Ouest, qui desservent cette station, ont multiplié leurs trains de telle sorte, que par la première de ces lignes, de 6 heures du matin à minuit et demi, les communications sont incessantes, et que, pour un certain nombre d'express, la durée du trajet ne dépasse pas un quart d'heure. La fréquence et la rapidité de ces communications ont eu pour résultats l'augmentation rapide de la population et l'accroissement de la petite ville d'Enghien, mais, au point de vue qui nous intéresse, elles ont eu l'inconvénient d'augmenter le nombre des malades qui ne se décident que trop facilement à faire leur traitement en restant en résidence à Paris.

Pour les Parisiens, certes il est très avantageux d'avoir sous la main une station d'eaux minérales dont la clinique a depuis longtemps formulé l'incontestable efficacité, et qui répondent à la plupart des besoins thérapeutiques auxquels satisfont un grand nombre d'eaux sulfureuses. Elles sont, de plus, situées dans un charmant pays, dans la vallée de Montmorency, en tourée descollines où s'échelonnent les sites les plus pittoresques, et de nombreuses localités, où la villégiature parisienne a multiplié ses plus belles résidences. Ces eaux minérales rendent donc de grands services à ceux que des raisons d'intérêt ou de toute autre nature empêchent de quitter Paris, et surtout aux malades auxquels leur état ne permet pas d'entreprendre un voyage de quelque durée, celui d'Auvergne ou des Pyrénées, par exemple.

Mais ces avantages ne peuvent être réels et effectifs qu'autant que cette catégorie de malades se mettra en mesure de joindre aux effets de l'eau minérale les conditions adjuvantes de la cure thermale, savoir : l'air de la campagne, le repos physique et moral qui jouent un rôle indéniable dans ses résultats. Nous pourrions citer de très nombreux exemples dans lesquels le traitement fait à la hâte, entre deux trains, et après lequel le baigneur reprend ses occupations habituelles, a été plus nuisible qu'utile. Les résultats sont moins défavorables lorsque le baigneur peut résider à Enghien une grande partie de la journée, soit qu'il y ait son domicile d'été, soit qu'il prenne le parti de renoncer pour quelques semaines aux exigences les plus pénibles de ses occupations professionnelles.

Pour l'étranger ou l'habitant de la province, qui vient se fixer à Enghien pour faire une cure thermale, les conditions sont toutes différentes : il y trouve toutes les ressources des autres stations thermales, avec l'avantage, avant ou après la durée de son traitement, de pouvoir utiliser cette proximité de Paris pour ses plaisirs, ses relations ou ses intérêts.

En formulant ces conseils, nous n'avons pas la prétention de croire qu'ils seront toujours écoutés et, depuis quinze années passées à l'établissement thermal, nous n'avons pas vu diminuer le nombre des baigneurs que le train du matin verse dans les salles d'inhalation ou de bains, pour les ramener à Paris, deux ou trois heures après; heureusement que le plus grand nombre de ces baigneurs ne sont atteints que d'affections catarrhales chroniques de la gorge ou du larynx, plutôt gênantes que dangereuses, et que, malgré cette inobservance du traitement, ils trouvent dans l'usage des eaux d'Enghien assez d'avantages pour y revenir comme on revient à un ami sur lequel on peut compter.

Nous n'insisterons pas davantage sur ce sujet; si les plaintes des baigneurs, ou plutôt celles des personnes qui les accompagnent, sur la qualité ou l'insuffisance des distractions que présente le séjour d'Enghien, sont fréquentes, cela tient à ce que la comparaison avec celles qu'offre Paris ne peut que leur être défavorable.

Ces distractions sont à Enghien ce qu'elles sont dans bon nombre de stations thermales, qui ont le seul avantage d'être loin de la capitale. Comme médecin, nous pensons que les malades qui sont, en définitive, l'appoint le plus important d'une station thermale, doivent y trouver le calme et les meilleures conditions hygiéniques, nécessaires à l'accomplissement de leur traitement; nous ne saurions trop regretter les fêtes bruyantes, encombrantes et malsaines qui ne tarderaient pas à transformer la charmante station d'Enghien en une succursale de la banlieue de Paris.

Des maladies qui relèvent des eaux d'Enghien.

Le cadre de ce travail ne comporte pas l'étude clinique des maladies traitées à Enghien ; nous les avons exposées dans d'autres publications, et bien que nous éprouvions une certaine réserve à en dresser un inventaire, sans les observations qui l'éclairent et le confirment, nous pensons, apres avoir fourni au baigneur les meilleures conditions dans lesquelles il peut faire une cure thermale, qu'il est indispensable de lui indiquer succinctement les maladies auxquelles elle s'adresse.

On peut ranger sous trois chefs principaux l'action physiologique des eaux d'Enghien et, par suite, les médications qui en découlent :

1º Action stimulante générale fournissant tous les éléments d'une médication tonique et reconstituante.

2º Action d'activité spéciale sur l'enveloppe segmentaire et sur les muqueuses des divers appareils de l'organisme, imprimant des modifications profondes à leur mode de fonctionnement, et donnant les éléments d'une médication substitutive, résolutive ou révulsive, selon les cas.

3° Une action sédative sur le système nerveux, sur celui de la respiration et de la circulation, et appropriée par des moyens particuliers d'administration aux indications thérapeutiques de la médication du même nom.

A ces trois chefs principaux on peut ajouter la médication adjuvante, c'est-à-dire celle dans laquelle les eaux d'Enghien sont un puissant auxiliaire des autres agents thérapeutiques.

Ces médications diverses trouvent leur application dans les diathèses, dont la variété des manifestations tient une si grande place dans le cadre nosologique, savoir : la scrofule, l'arthritisme, l'herpétisme et la diathèse syphilitique. Mais encore faut-il distinguer celles de ces manifestations auxquelles s'adressent les eaux d'Enghien.

Dans la scrofule, elles sont plus particulièrement indiquées dans les manifestations qui ont pour siège la peau, les muqueuses et les ganglions; elles ont une action moins directe dans celles qui affectent les os, les articulations et les viscères. Dans cette catégorie nous trouvons les éruptions cutanées désignées sous le nom de gourmes, les conjonctivites, coryzas, otites, otorrhées, gonflement des amygdales, angine scrofuleuse, les engorgements et les suppurations ganglionnaires, avec ou sans trajets fistuleux, et certaines ortéites suppurées.

Dans la diathèse arthritique, dont les manifestations sont si variées, et sans entrer ici dans les développements qu'elles ont provoqués, le rôle des eaux sulfureuses, comme celles d'Enghien, appartenant au groupe des dégénérées, est indiqué dans les éruptions cutanées, telles que les érythèmes noueux et papuleux, l'urticaire, la couperose, l'acné, l'eczéma chronique; dans certaines pharyngites et laryngites, à caractères particuliers; elles peuvent aussi rendre de grands services dans quelques variétés de la gravelle, et de ses complications vésicales ou néphrétiques. Enfin, dans le rhumatisme névropathique et dans le rhumatisme articulaire chronique, et ses formes fixes et profondes, qui s'accompagnent souvent d'un état d'atonie des tissus et aussi de tout l'organisme, elles sont particulièrement indiquées.

Quant à la diathèse herpétique, ses limites

diminuent chaque jour; son évolution même, en tant qu'affection constitutionnelle, est mise en doute, et il en résulte que les manifestations cutanées que l'on y rattache, qu'elles soient sèches ou humides, primitives, intermédiaires ou tardives, seront modifiées par les eaux sulfurées d'Enghien, bien plus en raison de l'action topique que celles-ci exercent sur la peau, qu'en vertu de propriétés réellement anti-diathésiques.

Telles sont les maladies d'origine diathésique auxquelles conviennent les eaux d'Enghien, mais il en est d'origine accidentelle, non constitutionnelles, et, en définitive, nous pensons pouvoir faire rentrer dans le cadre suivant l'ensemble des maladies tributaires de cette médication :

1° Les affections catarrhales des muqueuses, et plus spécialement des voies respiratoires : coryzas ou rhinites, pharyngites, laryngites, bronchites chroniques, coqueluche.

Puis celles des voies génito-urinaires, savoir : la cystite catarrhale, la blennorrhée, la leucorrhée, les métrites chroniques du col, liées à la chlorose, à l'anémie, et coïncidant avec des éruptions cutanées de voisinage ou sur d'autres parties du corps.

2° Certaines formes ou complications de la tuberculisation pulmonaire.

3° Les maladies de la peau et plus particulièrement l'eczéma, l'impétigo, l'acné et le lichen.

4° Les affections rhumatismales, comprenant le rhumatisme musculaire chronique, les engorgements ou roideurs articulaires, succédant au rhumatisme articulaire aigu, et le rhumatisme chronique, à marche progressive, et occupant les petites articulations, chez les malades à constitution faible et lymphatique.

5° Les propriétés stimulantes et toniques des eaux d'Enghien sont utilement appliquées dans le groupe de maladies dites de faiblesse ou par arrêt de nutrition, telles que la chlorose, les anémies, certaines paralysies et névroses; elles trouvent encore leur emploi dans les convalescences de certaines affections chirurgicales, telles que les luxations et les fractures.

Ici s'arrêtent les considérations que nous nous sommes proposé de présenter au baigneur; notre but sera atteint s'il y trouve les moyens de faire son traitement dans les meilleures conditions, en pleine connaissance de cause, clairement renseigné sur les ressources de l'établissement thermal, ses détails compliqués et le concours qu'il doit en attendre pour arriver à la guérison.

Il serait dépassé si, dans ce travail, le malade croyait trouver les moyens d'instituer, de sa propre initiative, le traitement qu'il suppose approprié au genre d'affection qui l'a conduit à Enghien.

En médecine, il n'y a pas des *maladies*, mais des *malades*, c'est-à-dire des individualités, qui réagissent avec des nuances tellement variées, que l'expérience du médecin peut seule en saisir les indications; quoi qu'il arrive, et en terminant, nous conservons l'espoir que ce petit livre, écrit de bonne foi et sans parti pris, pourra rendre des services appréciables aux malades pendant le cours de leur cure thermale à Enghien.

20 mai 1892.

www.ingramcontent.com/pod-product-compliance
Lightning Source LLC
LaVergne TN
LVHW021731080426
835510LV00010B/1197